ትምህርት ቤት - el colegio 2
ጉዞ - el viaje 5
መጓጓዣ - el transporte 8
ከተማ - la ciudad 10
መልከዓምድር - el paisaje 14
ምግብ ቤት - el restaurante 17
የሸቀጣ ሸቀጥ መደብር - el supermercado 20
መጠጦች - las bebidas 22
ምግብ - la comida 23
እርሻ - la granja 27
ቤት - la casa 31
ሳሎን - el living 33
ግድቤት - la cocina 35
መታጠቢያ ቤት - el baño 38
የልጅ ክፍል - el cuarto de los chicos 42
አልባሳት - la ropa 44
ቢሮ - la oficina 49
ኢኮኖሚ - la economía 51
የስራ ሙያዎች - las ocupaciones 53
መሳሪያዎች - las herramientas 56
የሙዚቃ መሳሪያዎች - los instrumentos musicales 57
የደር እንስሳት ማቆያ - el zoológico 59
የስፖርት አይነቶች - los deportes 62
እንቅስቃሴዎች - las actividades 63
ቤተሰብ - la familia 67
አካል - el cuerpo 68
ሆስፒታል - el hospital 72
ድንገተኛ - la emergencia 76
ምድር - la Tierra 77
ሰዓት - el reloj 79
ሳምንት - la semana 80
ዓመት - el año 81
ቅርፆች - las formas 83
ቀለማት - colores 84
ተቃራኒያዎች - los opuestos 85
ቁጥሮች - los números 88
ቋንቋዎች - los idiomas 90
ማን/ ምን/ እንዴት - quién / qué / cómo 91
የት - dónde 92

Impressum
Verlag: BABADADA GmbH, Nedderfeld 112 , 22529 Hamburg
Geschäftsführer / Verlagsleitung: Harald Hof
Druck: Books on Demand GmbH, In de Tarpen 42, 22848 Norderstedt

Imprint
Publisher: BABADADA GmbH, Nedderfeld 112 , 22529 Hamburg, Germany
Managing Director / Publishing direction: Harald Hof
Print: Books on Demand GmbH, In de Tarpen 42, 22848 Norderstedt

መማሪያ ክፍል
el aula

ማካፈል
dividir

186/2

የትምህርት ቤት ቅጥር ግቢ
el patio de la escuela

ሰሌዳ
el pizarrón

መምህር
el maestro

ወረቀት
el papel

መጻፍ
escribir

እስክርብቶ
la birome

መጻፊያ ጠረጴዛ
el escritorio

ማስመሪያ
la regla

መጽሐፍ
el libro

ተማሪ
el alumno

የጀርባ ቦርሳ

la mochila

የእርሳስ መያዣ

la caja de lápices

እርሳስ

el lápiz

የእርሳስ መቅረጫ

el sacapuntas

ላጲስ

la goma (de borrar)

የስዕል ደብተር

el bloc de dibujo

ስዕል

el dibujo

የቀለም ብሩሽ

el pincel

የቀለም ሳጥን

la caja de pinturas

መቀስ

la tijera

ማጣበቂያ

el pegamento

መልመጃ ደብተር

el cuaderno de ejercicios

የቤት ስራ

la tarea

ቁጥር

el número

መደመር

sumar

መቀነስ

restar

ማባዛት

multiplicar

ቁጥሮችን ማስላት

calcular

ደብዳቤ

la letra

ABCDEFG
HIJKLMN
OPQRSTU
VWXYZ

ፊደላት

el abecedario

ቃል

la palabra

ፅሑፍ

el texto

ማንበብ

leer

ጠመኔ

la tiza

ትምህርት

la lección

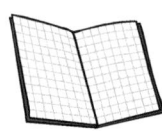

ምዝገባ

el cuaderno de clase

ፈተና

el examen

ሰርተፊኬት

el certificado

የትምህርት ቤት የደንብ ልብስ

el uniforme escolar

ትምህርት

la educación

አዉደ ጥበብ

la enciclopedia

ዩኒቨርስቲ

la universidad

የምርምር አጉሊ መሳርያ

el microscopio

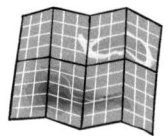

ካርታ

el mapa

የቆሻሻ ወረቀት መጣያ ቅርጫት

el tacho (de basura)

el viaje

ሆቴል
el hotel

Grand

ማረፊያ ቤት
el hostel

ROOMS

የዉጭ ገንዘብ ምንዛሪ ቤ.ቋ
la casa de cambio

CHANGE

ልብስ መያዣ ሻንጣ
la valija

መኪና
el auto

ቋንቋ

el idioma

አዎ/ አይደለም

sí / no

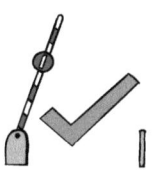

እሺ

Está bien

ሰላም

hola

አስተርጓሚ

el traductor

አመሰግናለሁ

Gracias

ስንት ነዉ.......?

¿cuánto cuesta…?

አልገባኝም

No entiendo

እክል

el problema

እንደምን አመሹ!

¡Buenas tardes!

እንደምን አደሩ!

¡Buenos días!

መልካም ምሽት!

¡Buenas noches!

ደህና ይሰንብቱ

el adiós

አቅጣጫ

la dirección

ሻንጣ

el equipaje

ቦርሳ

el bolso

የጀርባ ቦርሳ

la mochila

እንግዳ

el invitado

ክፍል

la habitación

የመተኛ ቦርሳ

la bolsa de dormir

ድንኳን

la carpa

የጎብኚዎች መረጃ
....
la información turística

የባህር ዳርቻ
....
la playa

ክሬዲት ካርድ
....
la tarjeta de crédito

ቁርስ
....
el desayuno

ምሳ
....
el almuerzo

እራት
....
la cena

ቲኬት
....
el pasaje

አሳንስር
....
el ascensor

ማህተም
....
el sello

ድንበር
....
la frontera

ባህሎች
....
la aduana

ኤምባሲ
....
la embajada

ቪዛ/የይለፍ መረቀት
....
la visa

ፓስፖርት
....
el pasaporte

el transporte

አ ሮፕላን
el avión

መርከብ
el barco

የእሳት አደጋ መኪና
la autobomba

አ ቶብስ
el colectivo

የጭነት መኪና
el camión

የሞተር ጀልባ
la lancha a motor

ብስክሌት
la bicicleta

መኪና
el auto

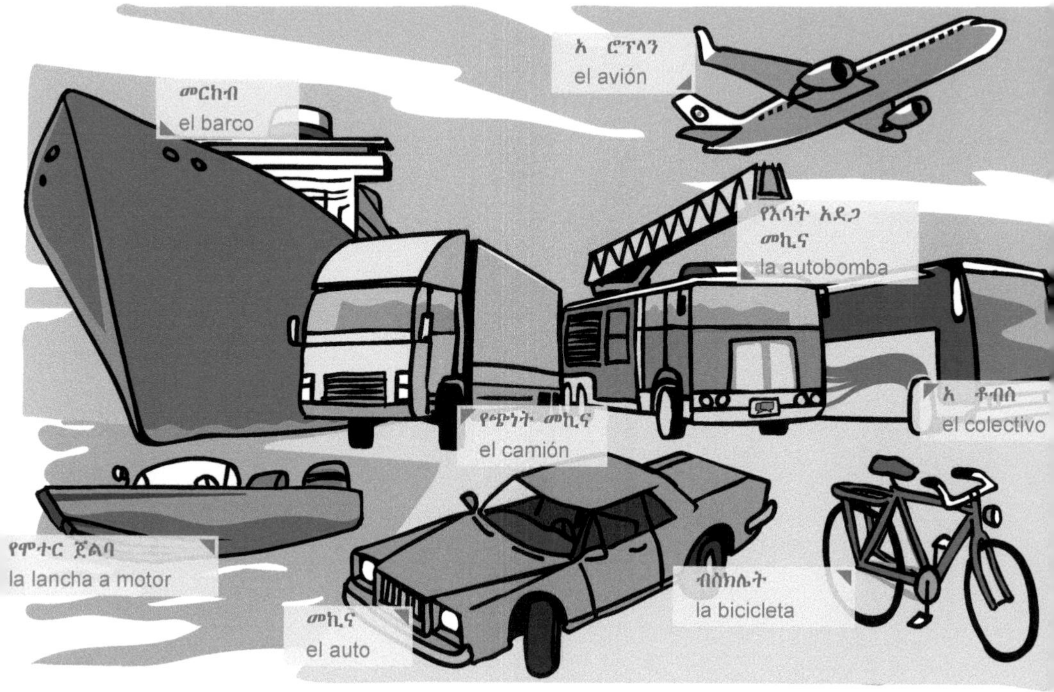

የማመላለሻ ጀልባ
el ferry

ጀልባ
el bote

የሞተር ብስክሌት
la moto

የፖሊስ መኪና
el patrullero

የ ድድር መኪና
el auto de carreras

የኪራይ መኪና
el auto de alquiler

የመኪና መጋራት

el alquiler de autos

ጎታች መኪና

la grúa

የቆሻሻ ጥነት መኪና

el camión de la basura

ሞተር

el motor

ነዳጅ

la nafta

የቤንዚን ማደያ

la estación de servicio

የመንገድ ምልክት

la señal de tránsito

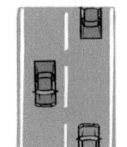

የመኪኖች እንቅስቃሴ

el tránsito

የመኪና መጨናነቅ

el embotellamiento

የመኪና ማቆሚያ

el estacionamiento

የባቡር ጣቢያ

la estación de tren

የባቡር ሀዲዶች

las vías

ባቡር

el tren

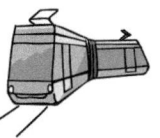

የኤሌክትሪክ ባቡር

el tranvía

ሰረገላ

el vagón

ሄሊኮፕተር

el helicóptero

አየር ማረፊያ

el aeropuerto

ማማ

la torre

መንገደኛ

el pasajero

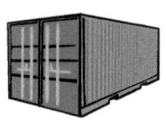

ማስቀመጫ፤ ማጠራቀሚያ

el contenedor

ካርቶን እቃ ማሸጊያ

la caja de cartón

ጋሪ፤ ተሳቢ

la carretilla

ቅርጫት

la canasta

መነሳት/ ማረፍ

despegar / aterrizar

ከተማ

la ciudad

መንደር

el pueblo

የከተማ ማዕከል

el centro de la ciudad

ቤት

la casa

ሲኒማ
el cine

ማስታወቂያ
la publicidad

የመንገድ ዳር
መብራት
el farol

መንገድ
la calle

ታክሲ
el taxi

እግረኛ
el peatón

የቁርስ መቆያ ሱቅ
el kiosco

ድንጋይ የተነጠፈበት የእግረኛ
መንገድ
la vereda

የእግረኛ መሻገሪያ
el paso peatonal

ማጠራቀሚያ
ontenedor de basura

ማቋረጫ
el cruce

የትራፊክ
መብራቶች
el semáforo

ጎጆ
la cabaña

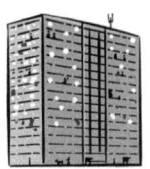

አፓርታማ
el departamento

የባቡር ጣቢያ
la estación de tren

የከተማ አዳራሽ
la municipalidad

ቤተ መዘክር
el museo

ትምህርት ቤት
el colegio

ዩኒቨርስቲ

la universidad

ባንክ

el banco

ሆስፒታል

el hospital

ሆቴል

el hotel

መድሐኒት ቤት

la farmacia

ቢሮ

la oficina

መፅሐፍ መሸጫ

la librería

ሱቅ

el negocio

የአበባ መሸጫ

la florería

የሸቀጥ ሸቀጥ መደብር

el supermercado

ገበያ ስፍራ

el mercado

መደብር

las grandes tiendas

የዓሳ ነጋዴ

la pescadería

የገበያ ማዕከል

el centro comercial

ወደብ

el puerto

መናፈሻ ቦታ
....
el parque

አግዳሚ ወንበር
....
el banco

ድልድይ
....
el puente

ደረጃዎች
....
las escaleras

ዉስጥ ለዉስጥ
....
el subte

ዋሻ
....
el túnel

የአዉቶቡስ ፌርማታ
....
la parada del colectivo

ባር
....
el bar

ምግብ ቤት
....
el restaurante

የፖስታ ሳጥን
....
el buzón

የመንገድ ምልክት
....
el letrero

የመኪና ማቆሚያ ሒሳብ የሚያሰላ
.....ማሽን.....
el parquímetro

የደር እንስሳት ማቆያ
....
el zoológico

የመዋኛ ገንዳ
....
la pileta

መስጊድ
....
la mezquita

እርሻ
la granja

የሚበክል ነገር
la contaminación

መቃብር ስፍራ
el cementerio

ቤተ ክርስቲያን
la iglesia

መጫወቻ ሜዳ
los juegos infantiles

ቤተ መቅደስ
el templo

መልከአምድር
el paisaje

ቅጠል
la hoja

የመንገድ ላይ ምልክት
el poste indicador

መንገድ
el camino

አረንጓዴ መስክ
la pradera

ድንጋይ
la piedra

ዛፍ
el árbol

በእግሩ የሚጓዝ
el excursionista

ወንዝ
el río

ሳር
la hierba

አበባ
la flor

ሸለቆ
el valle

ኮረብታ
la montaña

ሀይቅ
el lago

ጫካ
el bosque

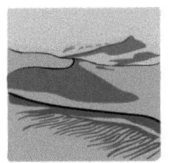

በረሃ
el desierto

እሳተ ገሞራ
el volcán

ግምብ
el castillo

ቀስተ ዳመና
el arco iris

እንጉዳይ
el champiñón

የቴምብር ዛፍ/ ዘንባባ
la palmera

ቢንቢ/ የወባ ትንኝ
el mosquito

በራሪ
la mosca

ጉንዳን
la hormiga

ንብ
la abeja

ሸረሪት
la araña

ጢንዚዛ
....

el escarabajo

እንቁራሪት
....

la rana

ሽኮኮ
....

la ardilla

ጃርት
....

el erizo

ጥንቸል
....

la liebre

ጉጉት ወፍ
....

la lechuza

ወፍ
....

el pájaro

የዉሃ ዳክዬ
....

el cisne

ከርከሮ
....

el jabalí

አጋዘን
....

el ciervo

አጋዘን
....

el alce

ግድብ
....

la presa

በነፋስ የሚሽከረከር
....

el aerogenerador

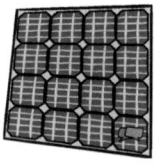

የፀሃይ ፓኔሎ
....

el panel solar

አየር ንብረት
....

el clima

el restaurante

አስተናጋጅ
el mozo

ማዉጫ
el menú

ወንበር
la silla

ሾርባ
la sopa

ፒዛ
la pizza

መክተፊያ
los cubiertos

የጠረጴዛ ጨርቅ
el mantel

የምግብ ፍላጎትን የሚከፍት
···ምግብ···
la entrada

ዋና ምግብ
el plato principal

ማጣጣሚያ ተከታይ ምግብ
el postre

መጠጦች
las bebidas

ምግብ
la comida

ጠርሙስ
la botella

ፈጣን ምግብ

la comida rápida

የመንገድ ምግብ

la comida callejera

የሻይ ማንቆርቆሪያ

la tetera

የስኳር እቃ

la azucarera

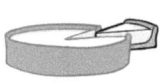

ድርሻ

la porción

የቡና ማፈያ ማሽን

la cafetera expreso

ባለጊ ወንበር

la sillita alta

የክፍያ ደረሰኝ

la cuenta

ትሪ

la bandeja

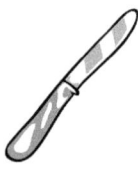

ቢላዋ

el cuchillo

ሹካ

el tenedor

ማንኪያ

la cuchara

የሻይ ማንኪያ

la cucharita

ልብስ ምግብ እንዳይነካ የሚያደረጋ ጨርቅ

la servilleta

ብርጭቆ

el vaso

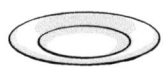

ዝርግ ሰሀን

el plato

የሾርባ ጎድጓዳ ሰሀን

el plato hondo

የስኒ ማስቀመጫ

el plato

ማጣፈጫ ስጎ

la salsa

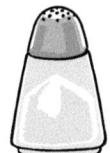

የጨዉ እቃ

el salero

የተፈጨ ቃሪያ

el molinillo de pimienta

ኮምጣጤ

el vinagre

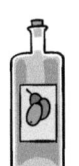

የምግብ ዘይት

el aceite

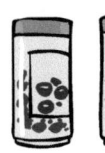

ቀመማ ቅመሞች

las especias

የቲማቲም ድልህ

el kétchup

ሰናፍጭ

la mostaza

ማዮኒዝ

la mayonesa

የሸቀጣ ሸቀጥ መደብር

el supermercado

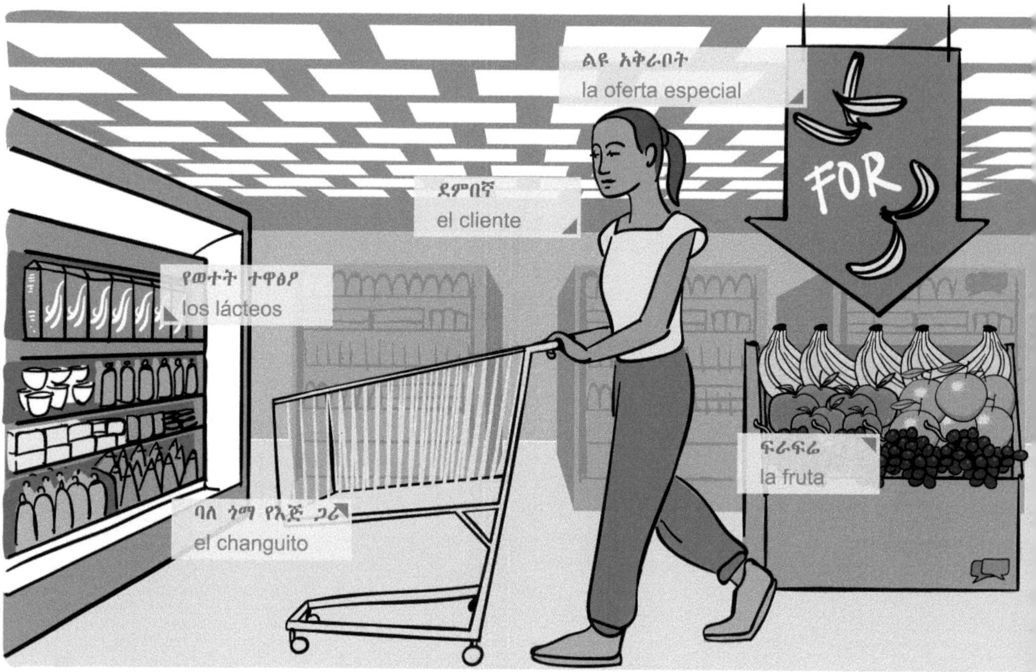

ልዩ አቅራቦት
la oferta especial
FOR
ደምበኛ
el cliente
የወተት ተዋፅዖ
los lácteos
ፍራፍሬ
la fruta
ባለ ጎማ የእጅ ጋሪ
el changuito

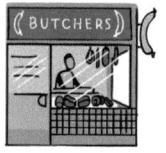

BUTCHERS

ሉካንዳ ነጋዴ

la carnicería

BAKERY

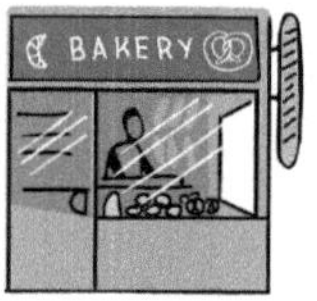

መጋገርያ

la panadería

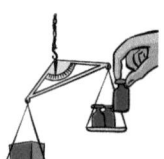

ክብደት መመዘን

pesar

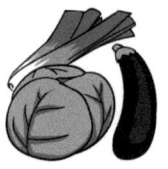

ቅጠላ ቅጠል አትክልት

las verduras

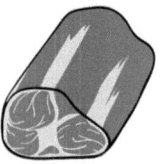

ስጋ

la carne

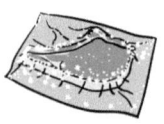

የቀዘቀዘ/የረጋ ምግብ

los alimentos congelados

ቀዝቃዛ ቁራጭ

los fiambres

የታሽገ ምግብ

los alimentos enlatados

የማጠቢያ ዱቄት

el detergente en polvo

ጣፋጮች

las golosinas

የቤት ዉስጥ ዉጤቶች

los electrodomésticos

የፅዳት ምርቶች

los productos de limpieza

የሽያጭ ባለሙያ

la vendedora

የገንዘብ መመዘቢያ ማሽን

la caja

የሒሳብ ሰራተኛ

el cajero

የግዢ ዝርዝር

la lista de compras

ክፍት ሰዓታት

el horario de atención

የኪስ ቦርሳ

la billetera

ክሬዲት ካርድ

la tarjeta de crédito

ቦርሳ

la cartera

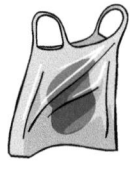

የፕላስቲክ ቦርሳ

la bolsa de plástico

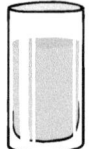

ዉሃ

el agua

ጁማቄ

el jugo

ወተት

la leche

ኮካ-ኮላ

la bebida cola

ወይን

el vino

ቢራ

la cerveza

አልኮል

el alcohol

ኮካ

el cacao

ሻይ

el té

ቡና

el café

የተፈላ ቡና

el café expreso

ካፑቺኖ

el cappuccino

la comida

ሙዝ

la banana

ፖም

la manzana

ብርቱካን

la naranja

ሀብሀብ

el melón

ሎሚ

el limón

ካሮት

la zanahoria

ነጭ ሽንኩርት

el ajo

ሽምበቆ

el bambú

ቀይ ሽንኩርት

la cebolla

እንጉዳይ

el champiñón

ለዉዝ

las nueces

የህፃናት ምግብ

los fideos

ፓስታ

los tallarines

ሩዝ

el arroz

ሰላጣ

la ensalada

የድንች ጥብስ

las papas fritas

ድንች ጥብስ

las papas fritas

ፒዛ

la pizza

ዳቦ ዉስጥ በስሱ ተጠብሶ የገባ
ስጋ
la hamburguesa

ሳንድዊች

el sándwich

ጥሬ ስጋ

el churrasco

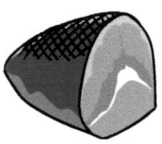

የአሳማ ስጋ

el jamón

በቅመምና በጨዉ የታሽ ምግብ
ቀዝቅዞ የሚበዩ ሾርባ ምግብ

el salame

ቋሊማ

la salchicha

ዶሮ

el pollo

ጥብስ

el asado

አሳ

el pescado

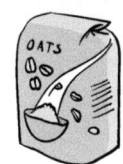

የአጃ ገንፎ
....
los copos de avena

ከወተት ጋር ተደባልቀዉ የሚበሉ
ምግቦች
el muesli

የበቆሎ ቅርፊት
....
los copos de maíz

ዱቄት
....
la harina

ኩራሳ
....
la medialuna

ድብልብል ዳቦ
....
el pancito

ዳቦ
....
el pan

መጥበስ
....
la tostada

ብስኩት
....
las galletitas

ቅቤ
....
la manteca

እርጎ
....
la cuajada

ኬክ
....
la torta

እንቁላል
....
el huevo

እንቁላል ጥብስ
....
el huevo frito

አይብ
....
el queso

ምግብ - la comida

የበረዶ ክሬም
el helado

ስኳር
el azúcar

ማር
la miel

ማርማላት
la mermelada

የተናጠ የወተት ክሬም
la pasta de chocolate

ማጣፈጫ
el curry

ምግብ - la comida

እርሻ

la granja

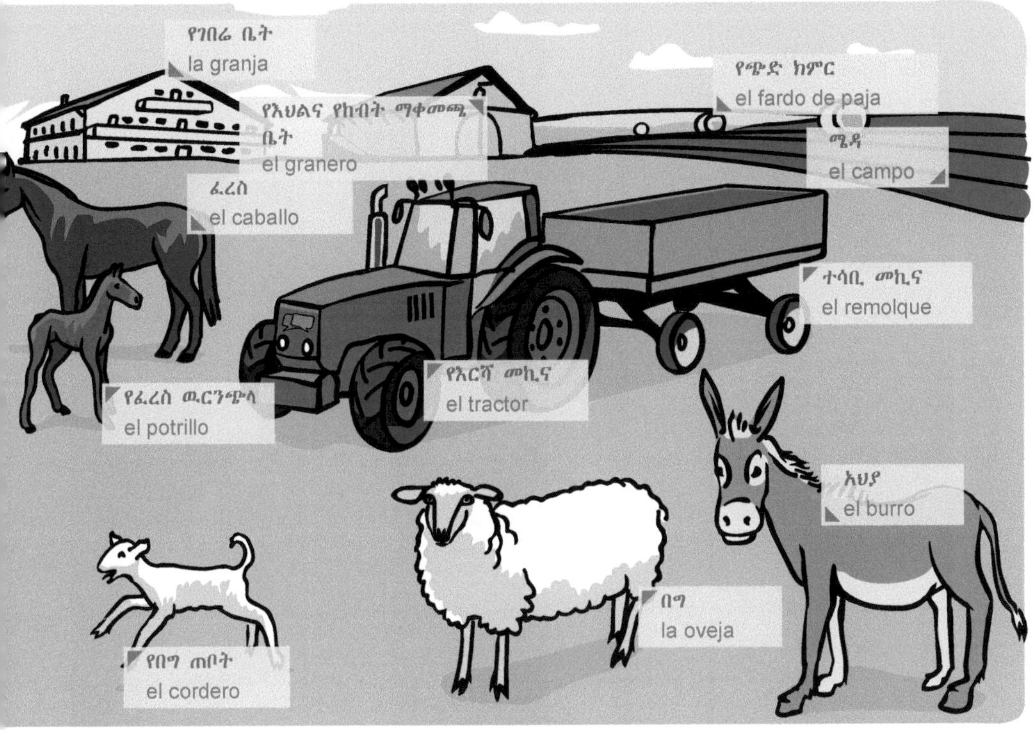
የገበሬ ቤት
la granja
የጭድ ክምር
el fardo de paja
የእህልና የከብት ማቀመጫ ቤት
el granero
ሜዳ
el campo
ፈረስ
el caballo
ተሳቢ መኪና
el remolque
የእርሻ መኪና
el tractor
የፈረስ ዉርንጭላ
el potrillo
አህያ
el burro
በግ
la oveja
የበግ ጠቦት
el cordero

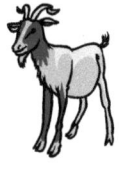

ፍየል

la cabra

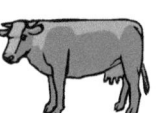

ላም

la vaca

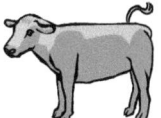

ጥጃ

el ternero

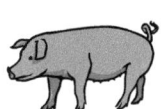

አሳማ

el cerdo

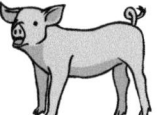

ግልገል አሳማ

el lechón

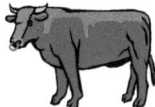

ኮርማ

el toro

ዝይ

el ganso

ዳክዬ

el pato

የዶሮ ጫጩት

el pollo

ዶር

la gallina

አዉራ ዶሮ

el gallo

አይጥ

la rata

ደድመት

el gato

አይጥ

el ratón

በሬ

el buey

ዉሻ

el perro

የዉሻ ቤት

la cucha

የአትክልት ቦታ

la manguera

ዉሃ ማጠጫ ባልዲ

la regadera

ረጅም ማጭድ

la guadaña

ማረሻ

el arado

ማጭድ

la hoz

መኮትኮቻ

la azada

የእህል መንሽ

la horquilla

መጥረቢያ

el hacha

ኩርኩር/ የእጅ ጋሪ

la carretilla

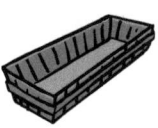

ገንዳ

el abrevadero

የወተት ዕቃ

la lechera

ጆንያ ከረጢት

la bolsa

አጥር

la reja

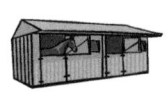

የፈረስ ጋጣ

el establo

ዕፅዋት ማሳደጊያ የመስታዉት ቤት

el invernadero

አፈር

el suelo

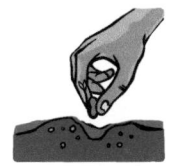

ዘር

la semilla

የሜሬት ማዳበሪያ

el fertilizador

ጥምር ማረሻ

la cosechadora

አዝመራ መሰብሰብ

cosechar

አዝመራ

la cosecha

ድንች

las batatas

ስንዴ

el trigo

ሶያ

la soja

ድንች

la papa

በቆሎ

el maíz

የክብት መኖ

la semilla de colza

የፍሬ ዛፍ

el árbol frutal

የካሳባ ዛፍ

la mandioca

እህል

los cereales

la casa

የጭስ ማውጫ
la chimenea

ጣራ
el techo

አሽንዳ
el caño de desagüe

መስኮት
la ventana

ጋራዥ
el garaje

የበር ደወል
el timbre

በር
la puerta

የቆሻሻ ማጠራቀሚያ
el tacho de basura

ፖስታ ሣጥን
el buzón

የአትክልት ቦታ
el jardín

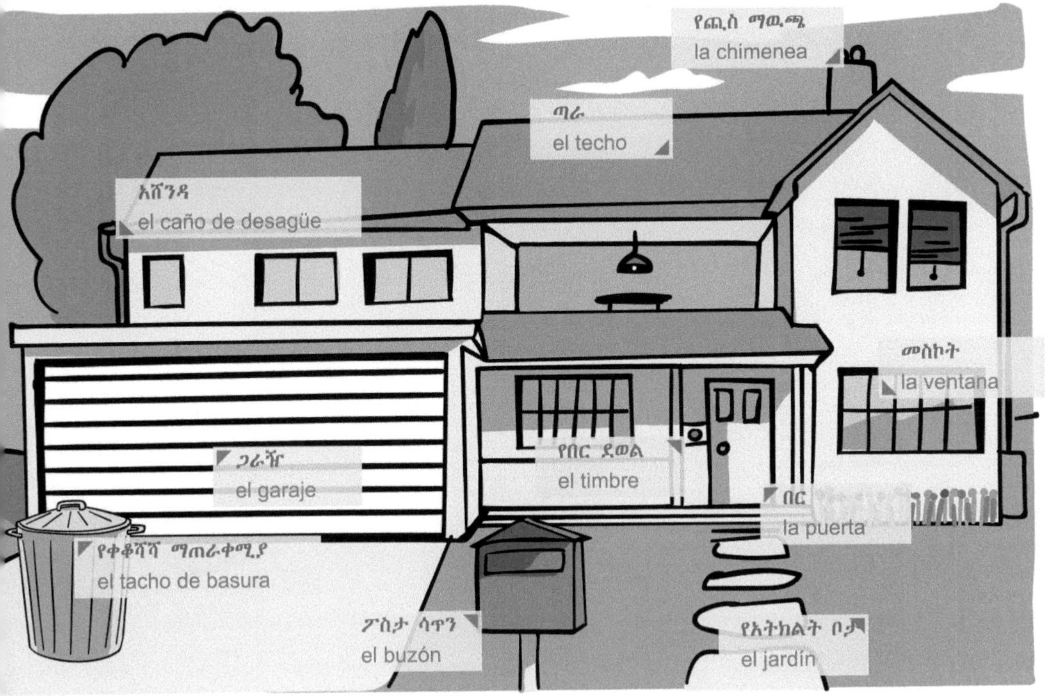

ሳሎን
el living

መታጠቢያ ቤት
el baño

ማድቤት
la cocina

መኝታ ቤት
el dormitorio

የልጅ ክፍል
el cuarto de los chicos

መመገቢያ ክፍል
el comedor

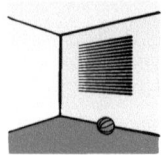

ወለል
....
el piso

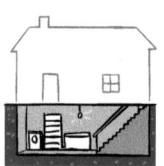

ግድግዳ
....
la pared

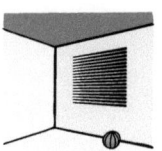

ጣሪያ
....
el cielorraso

ምድር ቤት
....
el sótano

በእንፋሎት ሙቀት መታጠቢያ
.....ቤት.....
el sauna

ሰገነት
....
el balcón

ከፍ ያለ መደብ
....
la terraza

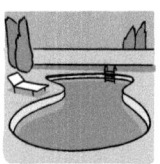

የመዋኛ ገንዳ
....
la pileta

የማጨጃ መኪና
....
la cortadora de pasto

አንሶላ
....
la sábana

የአልጋ ልብስ
....
el acolchado

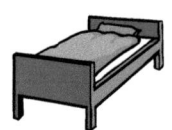

አልጋ
....
la cama

መጥረጊያ
....
la escoba

ባልዲ
....
el balde

ማብሪያና ማጥፊያ
....
el interruptor

el living

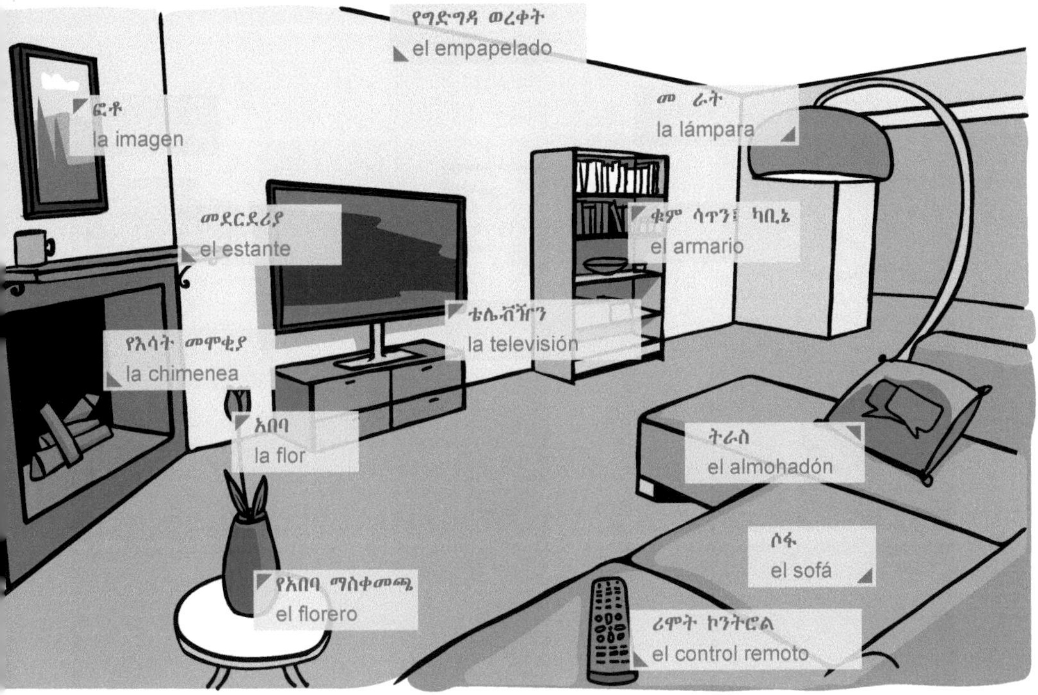
የግድግዳ ወረቀት
el empapelado
ፎቶ
la imagen
መ ራት
la lámpara
መደርደሪያ
el estante
ቁም ሳጥን፤ ካቢኔ
el armario
ቴሌቭዥን
la televisión
የእሳት መሞቂያ
la chimenea
አበባ
la flor
ትራስ
el almohadón
ሶፋ
el sofá
የአበባ ማስቀመጫ
el florero
ሪሞት ኮንትሮል
el control remoto

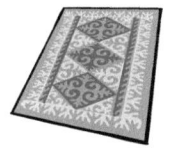

ንጣፍ

la alfombra

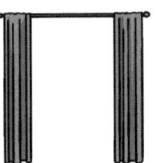

መጋረጃ

la cortina

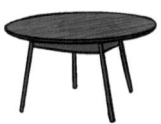

ጠረጴዛ

la mesa

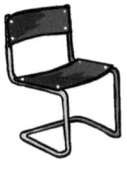

ወንበር

la silla

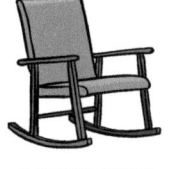

ተወዛዋዥ ወንበር

la mecedora

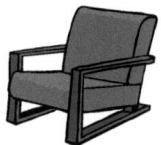

ባለመደገፊያ ወንበር

el sillón

መጽሐፍ

el libro

ብርድ ልብስ

la frazada

ጌጥ

la decoración

ማገዶ

la leña

ፊልም

la película

የሙዚቃ መጫወቻ

el equipo de música

ቁልፍ

la llave

ጋዜጣ

el diario

ስዕል

la pintura

የተለጠፈ ማስታወቂያ እንደ ስዕል

el póster

ራዲዮ

la radio

ማስታወሻ ደብተር

el cuaderno

የአየር ማፅጃ ለምንጣፍ

la aspiradora

ቁልቁል

el cactus

ሻማ

la vela

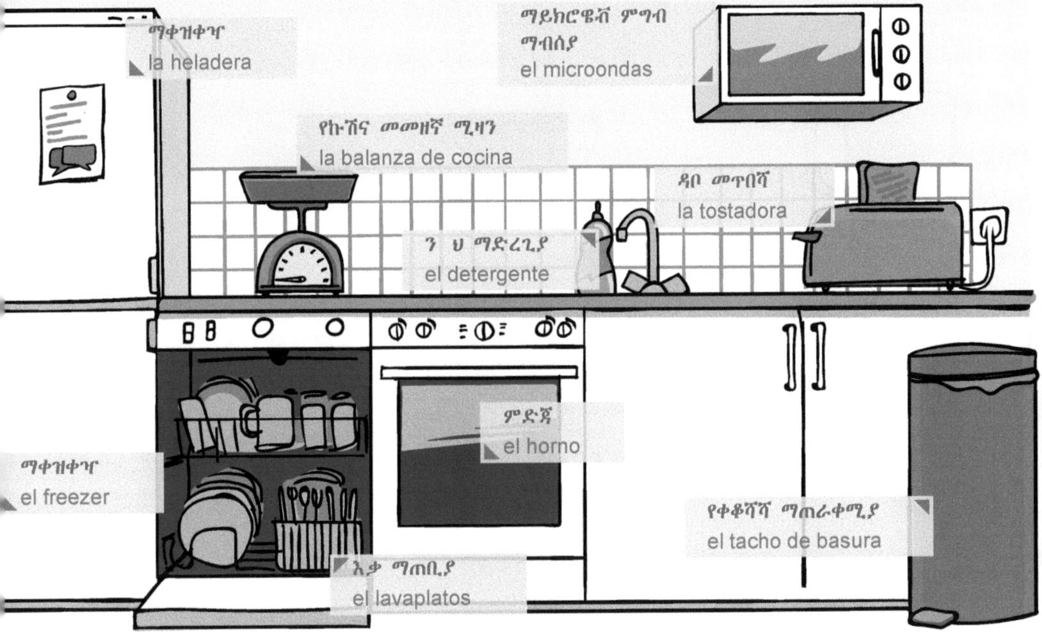

ማቀዝቀዣ
la heladera

ማይክሮዌቭ ምግብ ማብሰያ
el microondas

የኩሽና መመዘኛ ሚዛን
la balanza de cocina

ዳቦ መጥበሻ
la tostadora

ን ህ ማድረጊያ
el detergente

ማቀዝቀዣ
el freezer

ምድጃ
el horno

የቆሻሻ ማጠራቀሚያ
el tacho de basura

እቃ ማጠቢያ
el lavaplatos

ምግብ አብሳይ
la cocina

ማሰሮ
la olla

የብረት ማሰሮ
la olla de hierro fundido

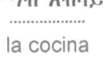

ምግብ ማብሰያ ዝርግ ድስት
el wok

የምግብ መጥበሻ
la sartén

ማንቆርቆሪያ
la pava

የእንፉሎት ማብሰያ

la vaporera

የመጋገሪያ ትሪ

la bandeja de horno

ሰብሰቦች

la vajilla

ትልቅ ኩባያ

la taza

ጎድንዳ ሳህን

el bol

ቾፕስቲክስ

los palitos

ጭልፉ

el cucharón

መሰቅሰቂያ ዝርግ ማንኪያ

la espátula

ማደባለቂያ

la batidora

መወጠሪያ

el colador

ወንፊት

el colador

መፈርፈሪያ መሳሪያ

el rallador

ሲ.ሚንቶ

el mortero

የፍም ጥብስ

la parrilla

የተለቀቀ እሳት

la fogata

መክተፊያ

la tabla de picar

ተንሽራታች መርፌ

el palo de amasar

የጠርሙስ መክፈቻ

el sacacorchos

ጣሳ

la lata

የጣሳ መክፈቻ

el abrelatas

የማሰሮ መሿፈኛ

la manopla

ሳህን ማጠቢያ

la pileta

ብሩሽ

el cepillo

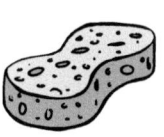

ስፖንጅ

la esponja

መደባለቂያ መሳሪያ

la batidora

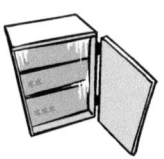

በጣም ማቀዝቀዣ

el congelador

ጡጦ

la mamadera

ቧንቧ

la canilla

ማድቤት - la cocina

መታጠቢያ ቤት
el baño

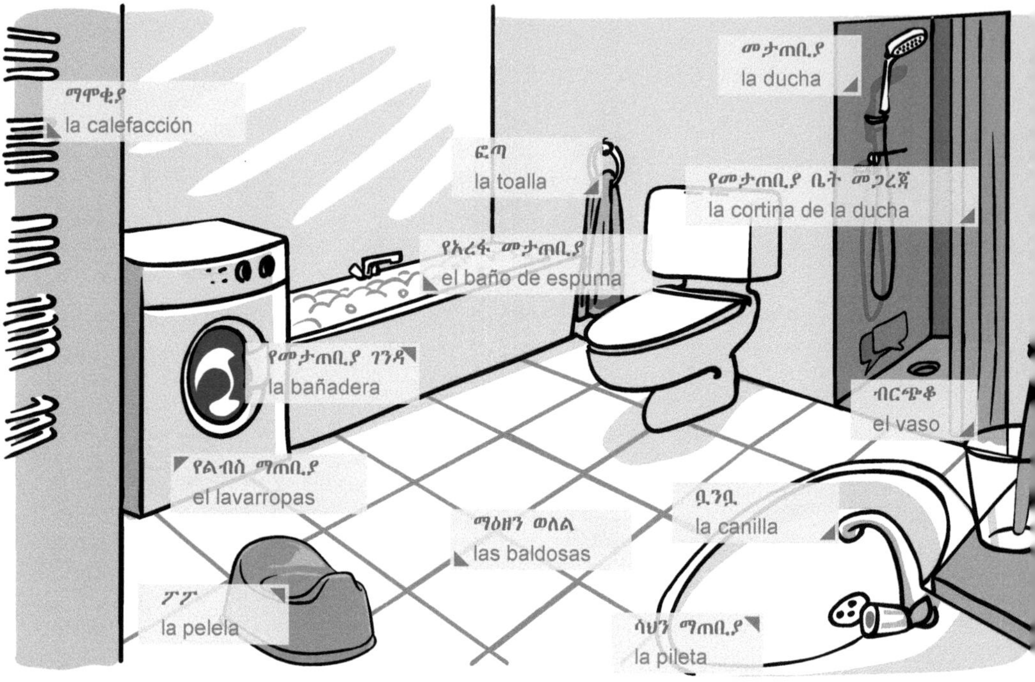

ማሞቂያ
la calefacción
ፎጣ
la toalla
መታጠቢያ
la ducha
የመታጠቢያ ቤት መጋረጃ
la cortina de la ducha
የአረፋ መታጠቢያ
el baño de espuma
የመታጠቢያ ገንዳ
la bañadera
ብርጭቆ
el vaso
የልብስ ማጠቢያ
el lavarropas
ቧንቧ
la canilla
ማዕዘን ወለል
las baldosas
ፖፖ
la pelela
ሳህን ማጠቢያ
la pileta

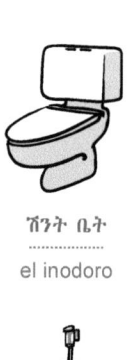

ሽንት ቤት
el inodoro

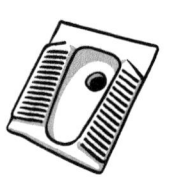

የሽንት ቤት መቀመጫ
la letrina

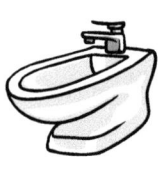

ሳፋ
el bidé

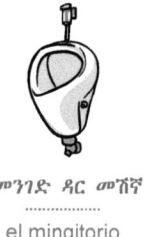

የመንገድ ዳር መሽኛ
el mingitorio

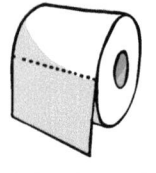

የሽንት ቤት ወረቀት
el papel higiénico

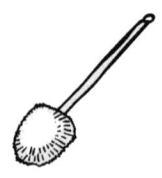

የሽንት ቤት ማፅጃ ብሩሽ
el cepillo para el inodoro

የጥርስ ብሩሽ
el cepillo de dientes

የጥርስ ሙና
el dentífrico

የጥርስ ማፅጃ ክር
el hilo dental

መታጠብ
lavar

የእጅ መታጠቢያ
la ducha de mano

መታጠቢያ
la ducha higiénica

ጎድጓዳ ሀን
la palangana

የጀርባ ብሩሽ
el cepillo para la espalda

ሙና
el jabón

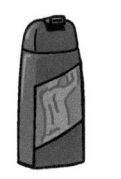

መታጠቢያ የሚዝለገለግ ሙና
el gel de ducha

የፀጉር መታጠቢያ ሙና
el shampoo

ለሰላ ጨርቅ
la toallita

ፍ ሽ
el desagüe

ክሬም
la crema

ጠረን መቀየሪያ ንጥረ ነገር
el desodorante

መስታወት
....
el espejo

የእጅ መስታወት
....
el espejito

ምላጭ
....
la maquinita de afeitar

የመላጫ አረፋ
....
la espuma de afeitar

ከመላጨት በኋላ የሚቀባ ሽቱ
....
el aftershave

ማበጠሪያ
....
el peine

ብሩሽ
....
el cepillo

የፀጉር ማድረቂያ
....
el secador de pelo

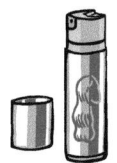

በፀጉር ላይ የሚነፋ
....
el spray

የፊት መቀባቢያ
....
el maquillaje

የከንፈር ቀለም
....
el lápiz de labios

የጥፍር ቀለም
....
el esmalte para uñas

የጥጥ ሱፍ
....
el algodón

ጥፍር መቁረጫ
....
la tijera para uñas

ሽቶ
....
el perfume

ማጠቢያ ባልዲ
....
el portacosméticos

መቀመጫ
....
la banqueta

ሚዛን
....
la balanza

የመታጠቢያ ልብስ
....
la bata

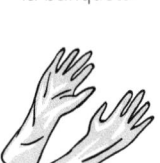

የላስቲክ ጓንት
....
los guantes de goma

ሞዴስ
....
el tampón

የዕዳት ፎጣ
....
la toallita femenina

የሽንት ቤት ኬሚካል
....
el baño químico

የልጅ ክፍል

el cuarto de los chicos

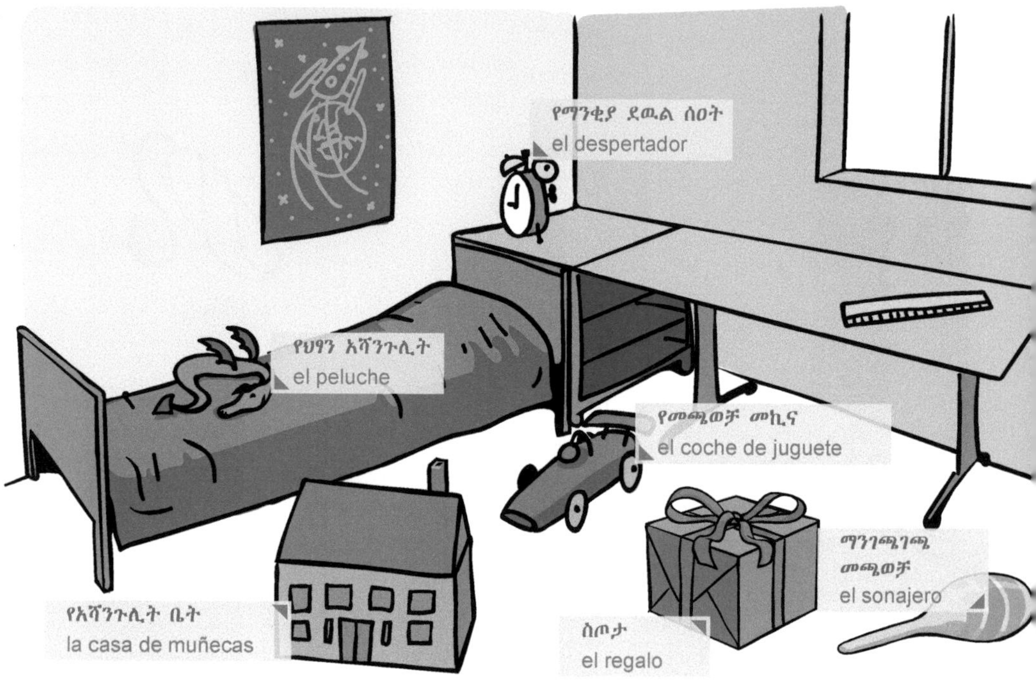

የማንቂያ ደዉል ሰዐት
el despertador
የህፃን አሻንጉሊት
el peluche
የመጫወቻ መኪና
el coche de juguete
ማንገጫገጫ መጫወቻ
el sonajero
የአሻንጉሊት ቤት
la casa de muñecas
ስጦታ
el regalo

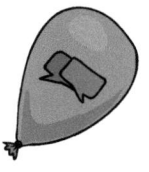

ፊኛ

el globo

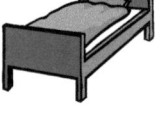

አልጋ

la cama

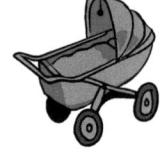

የህፃን ማንሸራሸሪያ ጋሪ

el cochecito

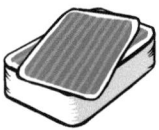

የካርታ መጫወቻ

las cartas

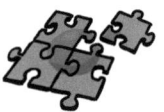

ቁርጥራጭ ምስሎችን የማገጣጠም
እና ምስል የማግኘት ጨዋታ

el rompecabezas

SUPER MEGA

አዝናኝ

la historieta

ተገጣጣሚ መጫወቻ
las piezas de lego

የመጫወቻ መገጣጠሚያዎች
los ladrillos de juguete

የድርጊት ምስል
la figura de acción

የህፃን እድገት
el enterito (de bebé)

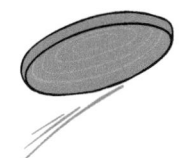

የፕላስቲክ መጫወቻ ዝርግ ሰሃን
el frisbee

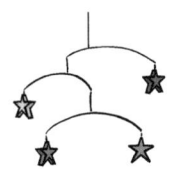

ተወዛዋዥ የህፃን ማጫወቻ
el móvil para bebés

የሰሌዳ ጨዋታ
el juego de mesa

የመጫወቻ ጠጠር
los dados

የመጫወቻ ባቡር
el tren eléctrico

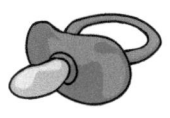

የእንጀራ እናት ጡጦ
el chupete

ድግስ
la fiesta

የስዕል መፅሀፍ
el libro de cuentos ilustrado

ኳስ
la pelota

አሻንጉሊት
la muñeca

መጫወት
jugar

የአሸዋ መጫወቻ

el arenero

ሽዋሽዌ

la hamaca

መጫወቻዎች

los juguetes

የቪዲዮ መጫወቻ

la consola de videojuegos

ባለ ሶስት ጎማ ብስክሌት

el triciclo

የአሻንጉሊት ድብ

el osito de peluche

ቁምሳጥን

el armario

ካልሲዎች

las medias

ስቶኪንጎች

las medias panty

ታይት

las calzas

የአንገት ልብስ
la bufanda

ቀበቶ
el cinturón

ግንጥላ
el paraguas

ክናቴራ
la remera

ቡቲ
las botas

የቤት ዉስጥ ነጠላ ጫማ
las pantuflas

ስኒከሮች
las zapatillas

ነጠላ ጫማዎች

las sandalias

ጫማዎች

los zapatos

የዝናብ ቡትስ

las botas de goma

ሙታንታ

la ropa interior

ጡት መያዣ

el corpiño

ሰደርያ

el chaleco

ሰዉነት

el body

ሱሪዎች

los pantalones

ጅንስ

los jeans

ጉርድ ቀሚስ

la pollera

ሸሚዝ

la blusa

ሸሚዝ

la camisa

የሚጠለቅ ሹራብ

el pulóver

ሹራብ

el buzo

ዩኒፎርም ጃኬት

el blazer

ጃኬት

la campera

ኮት

el tapado

የዝናብ ኮት

el piloto

ልብስ

el traje

ቀሚስ

el vestido

የሙሽራ ቀሚስ

el vestido de novia

ሱፍ

el traje

የለሊት ልብስ

el camisón

የለሊት ልብስ

el pijama

ረጅም ቀሚስ

el sari

ሂጃብ

el pañuelo para la cabeza

ጥምጣም

el turbante

ቡርቃ

la burka

ሸርጥ

el caftán

አባያ

la abaya

የዋና ልብስ

el traje de baño

አጭር ቁምጣ

el short de baño

ቁምጣዎች

los shorts

የስራ ቁታ

el jogging

ሸርጥ

el delantal

ንንት

los guantes

አልባሳት - la ropa

ቁልፍ

el botón

መነፅር

los anteojos

አምባር

la pulsera

የአንገት ሀብል

el collar

ቀለበት

el anillo

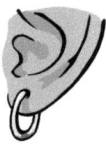

የጆሮ ጌጥ

el aro

ኮፍያ

la gorra

የኮት መስቀያ

la percha

ኮፍያ

el sombrero

ከረባት

la corbata

ዚፕ

el cierre

የብረት ቆብ

el casco

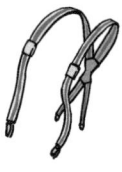

መደገፊያ

los tiradores

የትምህርት ቤት የደንብ ልብስ

el uniforme escolar

የደንብ ልብስ

el uniforme

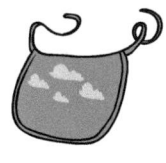

መሃረብ

el babero

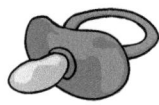

የእንጀራ እናት ጡጦ

el chupete

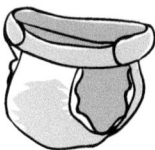

ሽንት ጨርቅ

el pañal

ቢሮ

la oficina

ማሰራጫ ጣቢያ
el servidor
የፋይል መደርደሪያ ካቢኔ
el archivero
የህትመት መሳሪያ
la impresora
ወረቀት
el papel
መቆጣጠሪያ
el monitor
ማዉዝ
el mouse
መፃፊያ ጠረጴዛ
el escritorio
ማህደር
la carpeta
የመፃፊ ቁልፎች
el teclado
ወንበር
la silla
የቆሻሻ ወረቀት መጣያ ቅርጫት
el tacho (de basura)
ኮምፒዉተር
la computadora

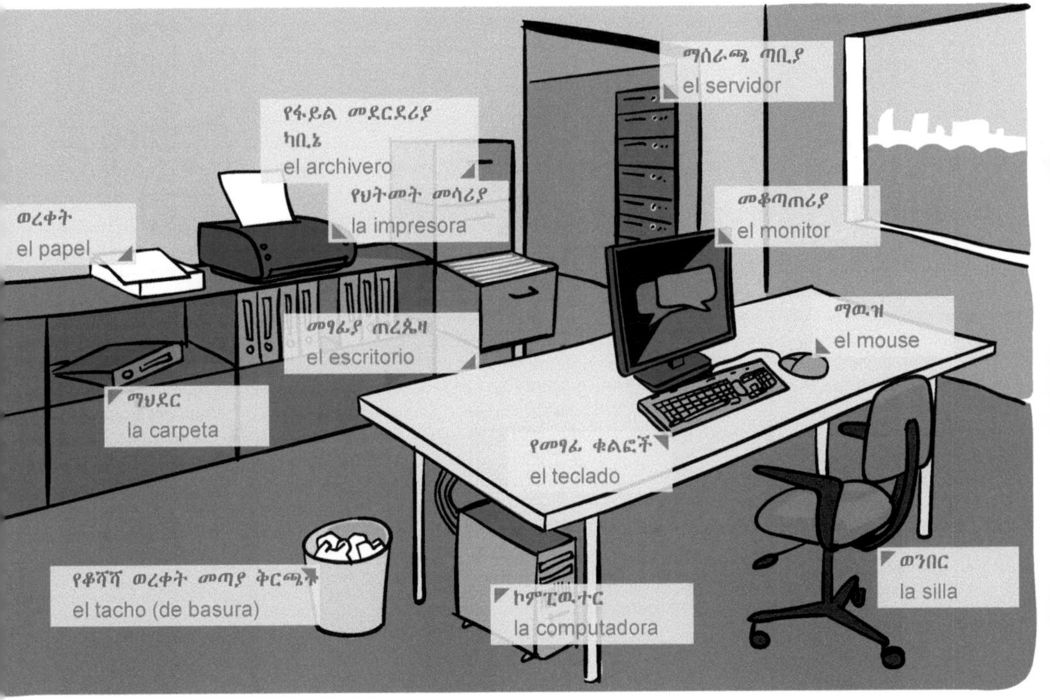

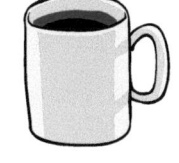

የቡና መጠጫ ትልቅ ኩባያ

la taza de café

ማስልያ ማሽን

la calculadora

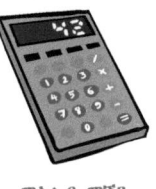

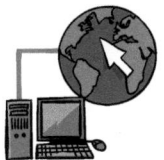

ኢንተርኔት

el internet

ላፕቶፕ

la laptop

ደብዳቤ

la carta

መልዕክት

el mensaje

ተንቀሳቃሽ ስልክ

el celular

የግንኙነት አዉታር

la red

ማባዣ ማሽን

la fotocopiadora

ሶፍትዌር

el software

ስልክ

el teléfono

የግድግዳ ሶኬት

el tomacorriente

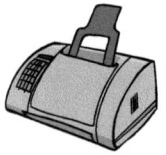

የፋክስ ማሽን

el fax

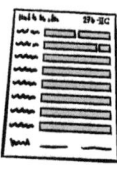

ቅፅ

el formulario

ሰነድ

el documento

la economía

መግዛት

comprar

መክፈል

pagar

መነገድ

hacer negocios

ገንዘብ

el dinero

USD

ዶላር

el dólar

EUR

ዩሮ

el euro

JPY

የን

el yen

RUB

ሩብል

el rublo

CHF

የስዊዝ ፍራንክ

el franco suizo

CNY

ሬንሚንቢ ዩዋን

el yuan

INR

ሩጲ

la rupia

የገንዘብ ነጥብ

el cajero automático

የዉጭ ገንዘብ ምንዛሪ ቢሮ

la casa de cambio

ወርቅ

el oro

ብር

la plata

ዘይት

el petróleo

ሀይል፤ ጉልበት

la energía

ዋጋ

el precio

ግንኙነት

el contrato

ቀረጥ

el impuesto

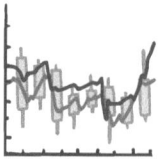

አክስዮን

la acción

መስራት

trabajar

ተቀጣሪ

el empleado

ቀጣሪ

el empleador

ፋብሪካ

la fábrica

ሱቅ

el negocio

የስራ ሙያዎች

las ocupaciones

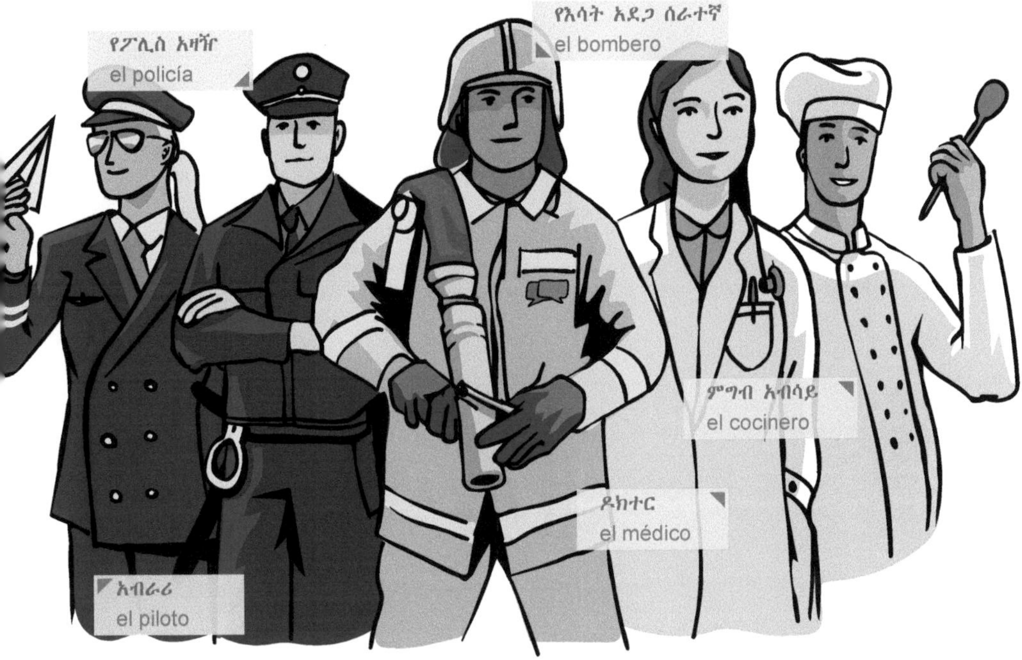
የፖሊስ አዛዥ
el policía
የእሳት አደጋ ሰራተኛ
el bombero
ምግብ አብሳይ
el cocinero
ዶክተር
el médico
አብራሪ
el piloto

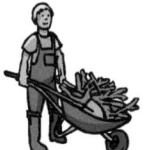

አትክልተኛ

el jardinero

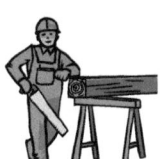

አናጢ

el carpintero

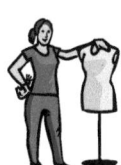

ልብስ ሰፊ ሴት

la modista

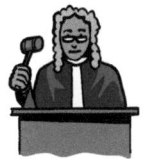

ዳኛ

el juez

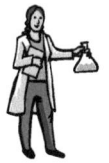

ቀማሚ

el farmacéutico

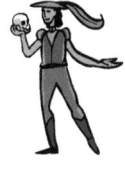

ተዋናይ

el actor

የአዉቶቢስ ሹፌር

el colectivero

የታክሲ ሹፌር

el taxista

አሳ አጥማጅ

el pescador

ፅዳት ሰራተኛ

la mucama

የጣራ ሰራተኛ

el techista

አስተናጋጅ

el mozo

አዳኝ

el cazador

ሰዓሊ

el pintor

ጋጋሪ

el panadero

የኤሌትሪክ ሰራተኛ

el electricista

ገምቢ

el albañil

መሃሃዲስ

el ingeniero

ልኳንዳ

el carnicero

የቧንቧ ሰራተኛ

el plomero

የፖስታ ሰራተኛ

el cartero

ወታደር

el soldado

መሃንዲስ

el arquitecto

የሒሳብ ሰራተኛ

el cajero

አበባ ሻጭ

el florista

የፀጉር ሰራተኛ

el peluquero

ቲኬት ቆራጭ

el cobrador

መካኒክ

el mecánico

ካፒቴን

el capitán

የጥርስ ሐኪም

el dentista

ተመራማሪ

el científico

መምህር

el rabino

የሙስሊም ሃይማኖታዊ መሪ

el imán

መነኩሴ

el monje

ካህን

el sacerdote

መሳሪያዎች

las herramientas

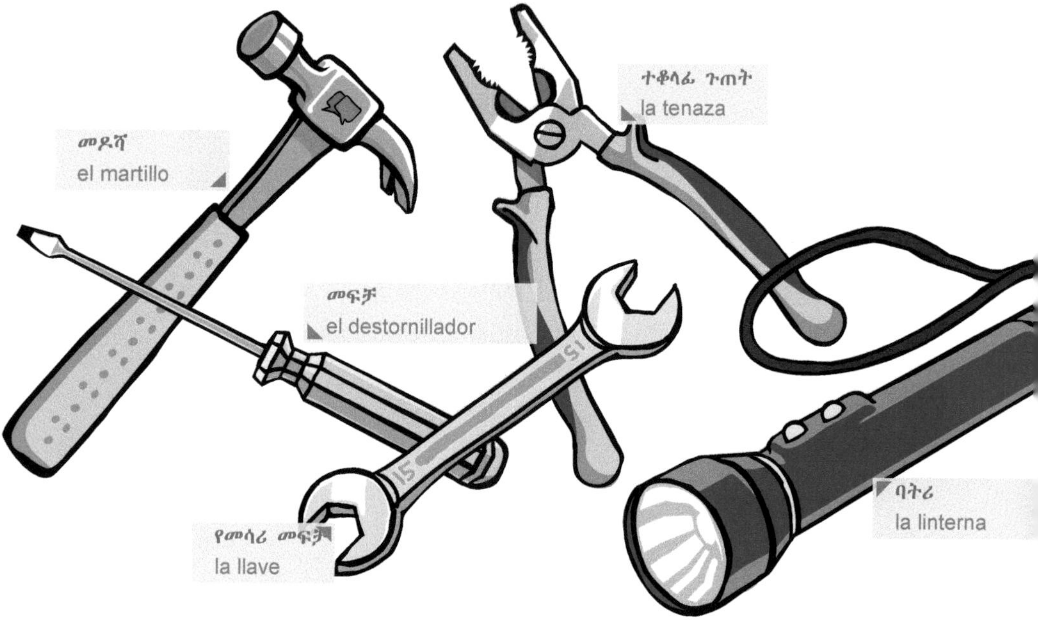

መዶሻ
el martillo
ተቆላፊ ጉጠት
la tenaza
መፍቻ
el destornillador
የመሳሪ መፍቻ
la llave
ባትሪ
la linterna

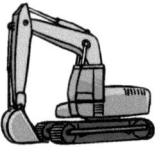

በቁፋሮ የሚዝቅ

la excavadora

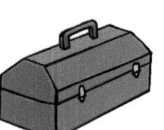

የመፍቻ ሳጥን

la caja de herramientas

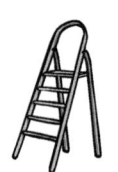

መሰላል

la escalera portátil

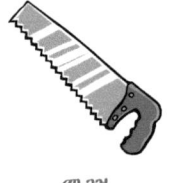

መጋዝ

la sierra

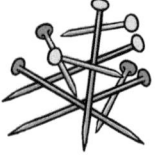

ምስማር

los clavos

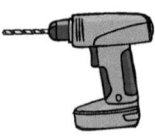

መሰርሰሪያ

el taladro

መጠገን
arreglar

አካፋ
la pala de jardín

የተረገመ!
¡Qué bronca!

ቆሻሻ ማፈሻ
la pala de plástico

የቀለም ቆርቆሮ
el tacho de pintura

ብሎን
los tornillos

የሙዚቃ መሳሪያዎች
los instrumentos musicales

የከበሮ መሳሪያዎች
la batería

የድምፅ ማጕያ መሳሪያ
el parlante

ክራር መስል የሙዚቃ መሳሪያ
la guitarra

ድርብ ቤዝ ጊታር
el contrabajo

የትንፋሽ ሙዚቃ መሳሪያ
la trompeta

ፒያኖ
el piano

ቫዮሊን
el violín

ወፍራም ፤ ጎርናና ድምፅ ያለዉ
ክራር መሰል ሙዚቃ መሳሪያ
el bajo

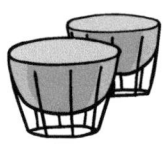

ነጋሪት
los timbales

ከበሮ
el tambor

በኤሌክትሪክ የሚሰራ ፒኖ
el teclado

የትንፋሽ ሙዚቃ መሳሪያ
el saxofón

ዋሽንት
la flauta

የድምፅ ማጉያ
el micrófono

የደር እንስሳት ማቆያ

el zoológico

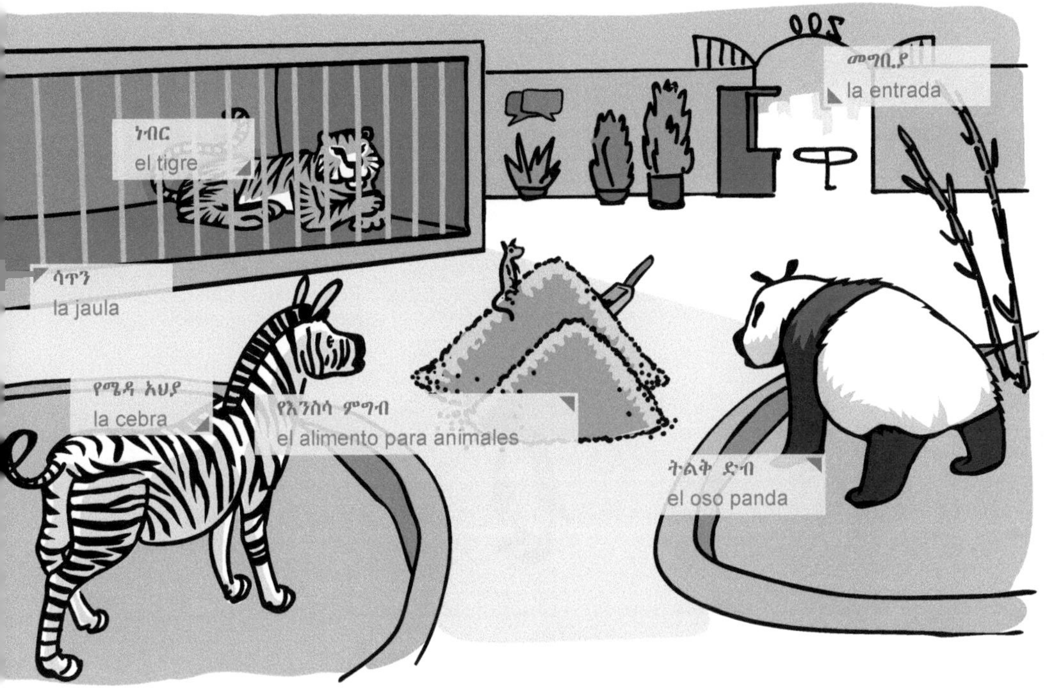

ነብር
el tigre
መግቢያ
la entrada
ሳጥን
la jaula
የሜዳ አህያ
la cebra
የእንስሳ ምግብ
el alimento para animales
ትልቅ ድብ
el oso panda

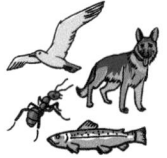

እንስሳቶች

los animales

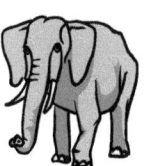

ዝሆን

el elefante

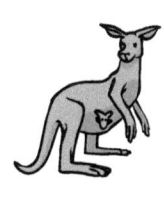

ካንጋሮ

el canguro

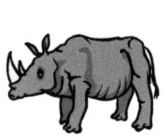

አዉራሪስ

el rinoceronte

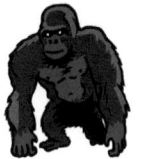

ትልቅ ዝንጀሮ

el gorila

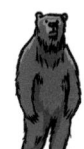

ድብ

el oso

ግመል

el camello

ሰጎን

el avestruz

አንበሳ

el león

ጦጣ

el mono

ቅልጥም ረጃም ወፍ

el flamenco

በቀቀን

el loro

የወዋልታ ድብ

el oso polar

የዋልታ ወፎች

el pingüino

ረጅም ጥርሶች ያሉትአሳ ነባሪ

el tiburón

ጣዎስ

el pavo real

እባብ

la serpiente

አዞ

el cocodrilo

የዱር አራዊት የሚጠበቁበት
ማቆያን የሚጠብቅ

el cuidador del zoológico

አሳ በሊታ የባህር እንስሳ

la foca

የዱር ድመት

el jaguar

ድንክ ፈረስ
el poni

ነብር
el leopardo

ጉማሬ
el hipopótamo

ቀጭኔ
la jirafa

ንስር
el águila

ከርከሮ
el jabalí

አሳ
el pescado

የባህር ኤሊ.
la tortuga

የባህር አጤራ
la morsa

ቀበሮ
el zorro

የሜዳ ፍየል ፤ ሚዳቋ
la gacela

የአሜሪካ እግርኳስ
el fútbol americano

የብስክሌት ስፖርት
el ciclismo

ቴኒስ
el tenis

የቅርጫት ኳስ
el básquet

ዋና
la natación

የቦጢ ስፖርት
el boxeo

የበረዶ ላይ የገና ጨዋታ
el hockey sobre hielo

እግር ኳስ
el fútbol

የላባ ኳስ ጨዋታ
el bádminton

አትሌቲክስ
el atletismo

የእጅ ኳስ ስፖርት
el handball

የበረዶ መንሸራተት ስፖርት
el esquí

ፈረስ ግልቢያ
el polo

መሳቅ
reír

መዝለል
saltar

ማቀፍ
abrazar

መሬመድ
caminar

መዘመር
cantar

ህልም ማለም
soñar

መፀለይ
rezar

መሳም
besar

መፃፍ
escribir

መሳል
dibujar

ማሳየት
mostrar

መግፋት
presionar

መስጠት
dar

መዉሰድ
tomar

መያዝ

tener

ማድረግ

hacer

መሆን

ser

መቆም

estar parado

መሮጥ

correr

መሳብ

tirar

መወርወር

tirar

መዉደቅ

caer

መዋሸት

estar acostado

መጠበቅ

esperar

መሸከም

llevar

መቀመጥ

estar sentado

መልበስ

vestirse

መተኛት

dormir

መንቃት

despertar

መመልከት
mirar

ማለልቀስ
llorar

መጫር
acariciar

ማበጠር
peinar

ማዉራት
hablar

መረዳት
entender

ጥያቄ
preguntar

ማዳመጥ
escuchar

መጠጣት
beber

መብላት
comer

ማንፃት
ordenar

ማፍቀር
amar

ምግብ ማብሰል
cocinar

መንዳት
manejar

መብረር
volar

እንቅስቃሴዎች - las actividades

መርከብ መንዳት

navegar

ቁጥሮችን ማስላት

calcular

ማንበብ

leer

መማር

aprender

መስራት

trabajar

ማግባት

casarse

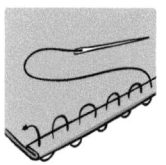

መስፋት

coser

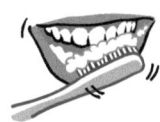

ጥርስ መቦረሽ

cepillarse los dientes

መግደል

matar

ማጨስ

fumar

መላክ

enviar

ቤተሰብ
la familia

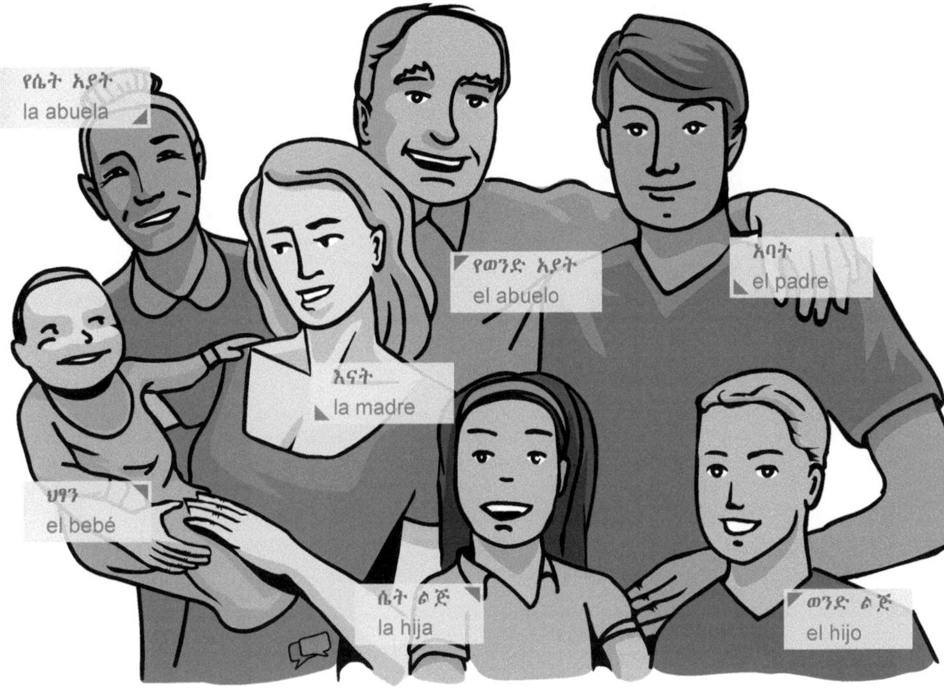

የሴት አያት
la abuela
የወንድ አያት
el abuelo
አባት
el padre
እናት
la madre
ህፃን
el bebé
ሴት ልጅ
la hija
ወንድ ልጅ
el hijo

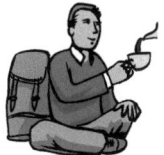

እንግዳ
....
el invitado

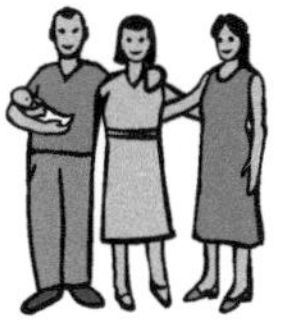

አክስት
....
la tía

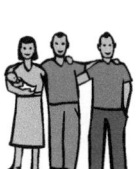

አጎት
....
el tío

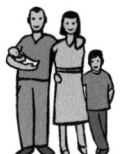

ወንድም
....
el hermano

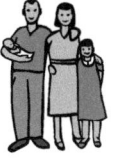

እህት
....
la hermana

አካል

el cuerpo

ግንባር
la frente
አይን
el ojo
ትከሻ
el hombro
ጣት
el dedo
ፊት
la cara
አገጭ
la pera
እጅ
la mano
ጡት
el pecho
እግር
la pierna
ክንድ
el brazo

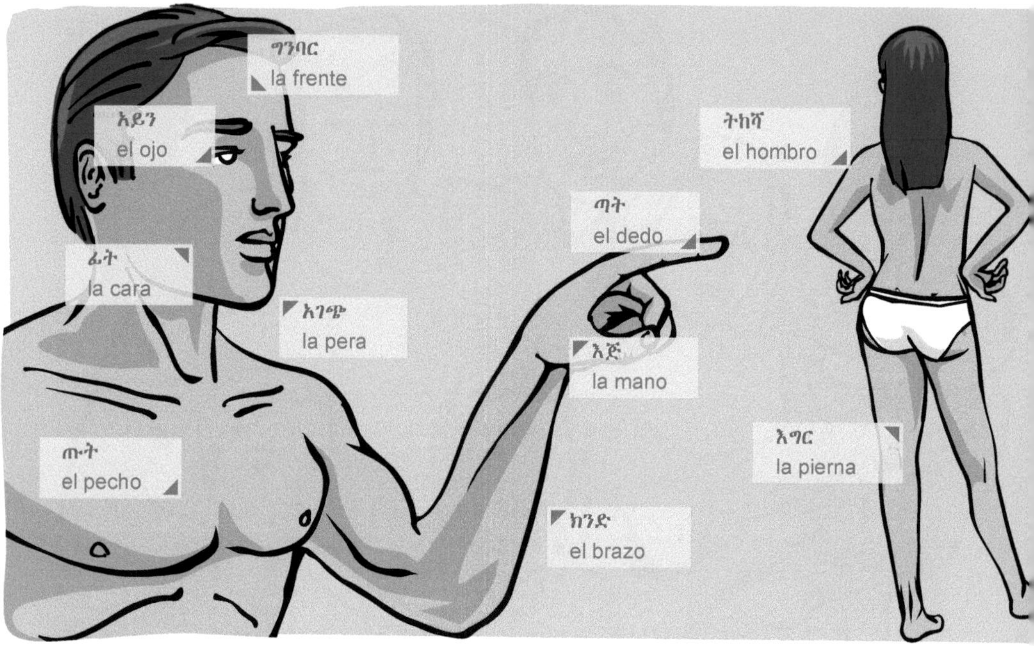

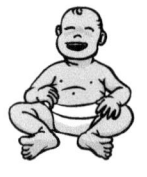

ህፃን

el bebé

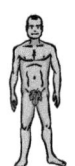

ሰዉ

el hombre

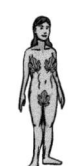

ሴት

la mujer

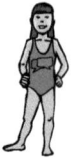

ልጃገረድ

la nena

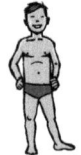

ወንድ ልጅ

el nene

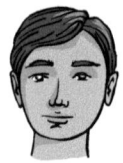

ራስ

la cabeza

ጀርባ
la espalda

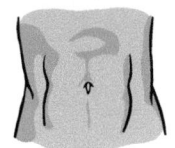

ሆድ
la panza

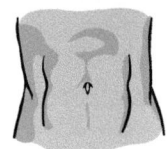

እምብርት
el ombligo

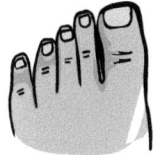

የእግር ጣት
el dedo del pie

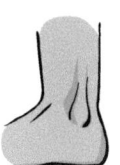

ተረከዝ
el talón

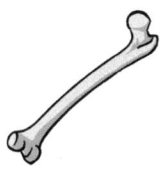

አጥንት
el hueso

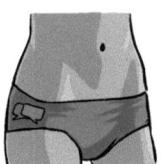

ዳሌ
la cadera

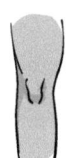

ጉልበት
la rodilla

ክርን
el codo

አፍንጫ
la nariz

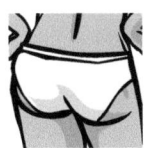

ቂጥ
la cola

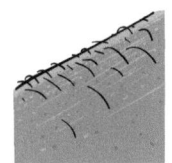

ቆዳ
la piel

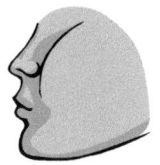

ጉንጭ
el cachete

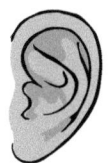

ጆሮ
la oreja

ከንፈር
el labio

አካል - el cuerpo

አፍ

la boca

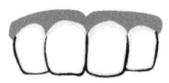

ጥርስ

el diente

ምላስ

la lengua

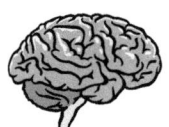

አንጎል

el cerebro

ልብ

el corazón

ጡንቻ

el músculo

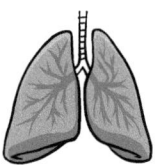

ሳምባ

el pulmón

ጉበት

el hígado

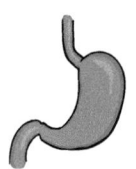

ሆድ

el estómago

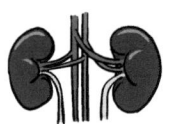

ኩላሊቶች

los riñones

የግብረስጋ ግንኙነት

el sexo

ኮንዶም

el preservativo

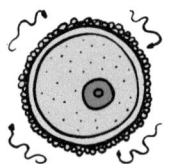

የሴት እንቁላል

el óvulo

የዘር ፈሳሽ

el semen

እርግዝና

el embarazo

አካል - el cuerpo

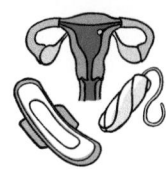

የወር አበባ

la menstruación

እምስ

la vagina

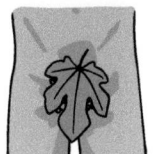

ቁላ

el pene

ቅንድብ

la ceja

ፀጉር

el pelo

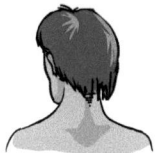

አንገት

el cuello

ሆስፒታል
el hospital

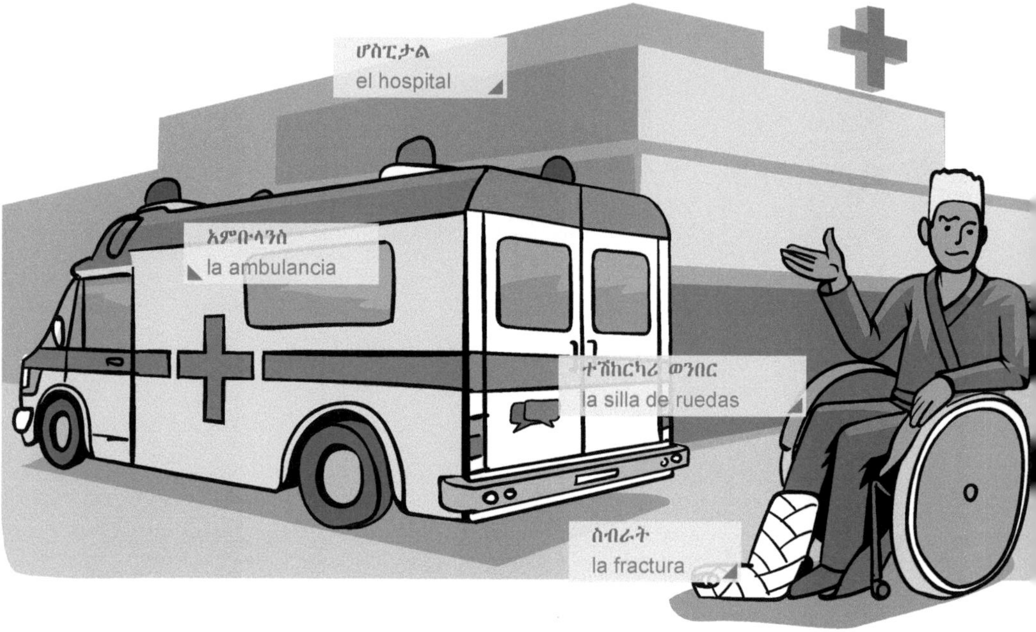

ሆስፒታል
el hospital
አምቡላንስ
la ambulancia
ተሽከርካሪ ወንበር
la silla de ruedas
ስብራት
la fractura

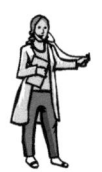

ዶክተር

el médico

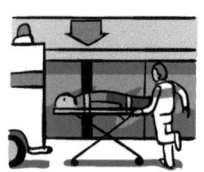

ድንገተኛ ክፍል

la sala de guardia

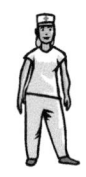

ነርስ

la enfermera

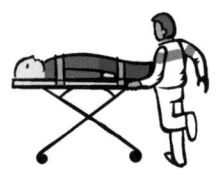

ድንገተኛ

la emergencia

ራስን መሳት/ አለማወቅ

inconsciente

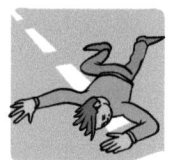

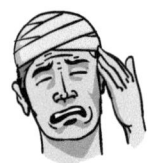

ህመም

el dolor

ጉዳት
la lesión

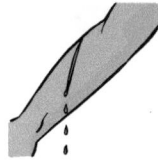

መድማት
la hemorragia

የልብ ድካም
el infarto

ስትሮክ
el ACV

አለርጂ
la alergia

ሳል
la tos

ትኩሳት
la fiebre

ኢንፍሎዌንዛ
la gripe

ተቅማጥ
la diarrea

የራስ ምታት
el dolor de cabeza

ካንሰር
el cáncer

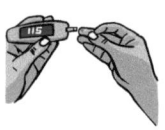

የስኳር በሽታ
la diabetes

ቀዶ ጠጋኝ ሐኪም
el cirujano

የቀዶ ጥገና ስለት
el bisturí

ቀዶ ጥገና
la operación

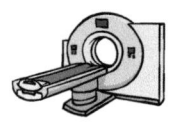

ሲቲ

la TC

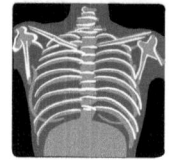

ኤክስሬይ

los rayos x

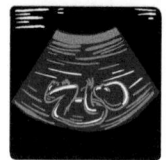

አልትራሳዉንድ

la ecografía

የፌት ጭምብል

el barbijo

በሽታ

la enfermedad

መጠበቂያ ክፍል

la sala de espera

ምርኩዝ

la muleta

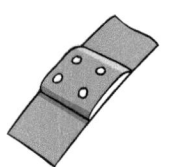

የቁስል ማሸጊያ

la curita

ፋሻ

la venda

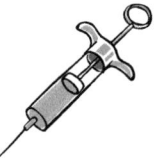

መርፌ

la inyección

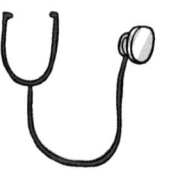

የልብ ምት ማዳመጫ መሳሪያ

el estetoscopio

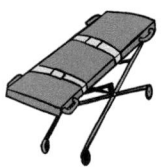

የበሽተኛ አልጋ

la camilla

የህክምና ሙቀት መለኪያ መሳሪያ

el termómetro

መውለድ

el nacimiento

ከልክ ያለፈ ክብደት

el sobrepeso

ለመስማት የሚረዳ መሳሪያ

el audífono

ፀረ ተባይ መድሀኒት

el desinfectante

ማመ ቀዝ

la infección

ቫይረስ

el virus

ኤች አይቪ ኤድስ

el VIH / SIDA

ህክምና

el remedio

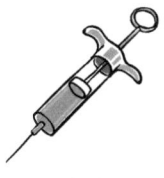

ክትባት

la vacunación

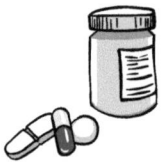

ኪኒን

los comprimidos

ኪኒን

la pastilla anticonceptiva

አስቸኳይ የስልክ ጥሪ

la llamada de emergencia

ደም ግፊት መቆጣጠሪያ

el tensiómetro

ህመም/ ጤንነት

enfermo / sano

እርዳታ!
¡Ayuda!

ማንቂያ ደዉል
la alarma

ጥቃት
la agresión

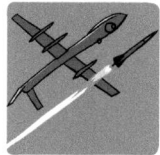
ድብደባ
el ataque

አደጋ
el peligro

የድንገተኛ መዉጫ
la salida de emergencia

እሳት!
¡Fuego!

እሳት ማጥፊያ
el matafuego

አደጋ
el accidente

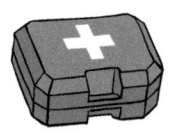
የመጀመሪያ እርዳታ መድሃኒት
መያዣ
el botiquín de primeros
auxilios

ነፍስ አድን
el SOS

ፖሊስ
la policía

አዉሮፓ

Europa

ሰሜን አሜሪካ

América del Norte

ደቡብ አሜሪካ

América del Sur

አፍሪካ

África

እስያ

Asia

አዉስትራሊያ

Australia

አትላንቲክ

el Atlántico

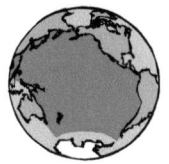

ፓስፊክ

el Pacífico

የህንድ ዉቅያኖስ

el Océano Índico

አንታርክቲክ ዉቅያኖስ

el Océano Antártico

አርክቲክ ዉቅያኖስ

el Océano Ártico

ሰሜን ዋልታ

el polo norte

ደቡብ ዋልታ

el polo sur

አንታርክቲካ

la Antártida

ምድር

la Tierra

መሬት

la tierra

ባህር

el mar

ደሴት

la isla

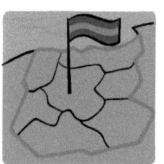

አገርና ህዝብ

la nación

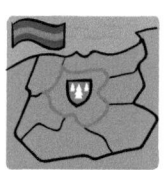

መንግስት

el estado

የሰዓት ገፅታ

la esfera

ሰዓት

la manecilla de las horas

ደቂቃ

el minutero

ሴኮንድ

el segundero

ስንት ሰዓት ነው?

¿Qué hora es?

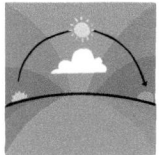

ቀን

el día

ጊዜ

la hora

አሁን

ahora

የቁጥር ሰዓት

el reloj digital

ደቂቃ

el minuto

ሰዓታት

la hora

la semana

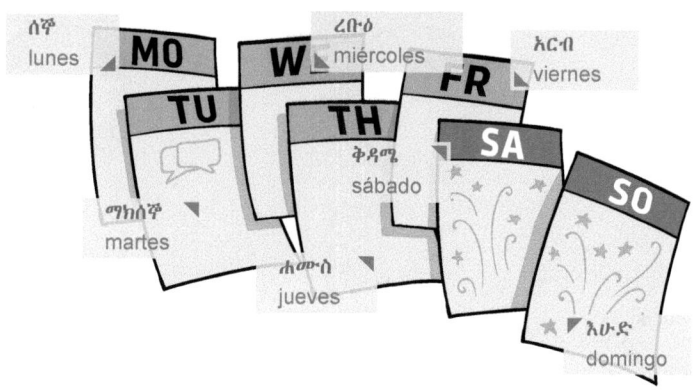

ሰኞ lunes • MO • ማክሰኞ martes • TU • ረቡዕ miércoles • W • ሐሙስ jueves • TH • ቅዳሜ sábado • አርብ viernes • FR • SA • እሁድ domingo • SO

ትላንት

ayer

ዛሬ

hoy

ነገ

mañana

ማለዳ

la mañana

ቀትር

el mediodía

ምሽት

la tarde

የስራ ቀናት

los días hábiles

የዕረፍት ቀናት

el fin de semana

ዝናብ
la lluvia

ቀስተ ዳመና
el arco iris

ጥጥ የሚመስል አመዳይ
በረዶ
la nieve

ነፋስ
el viento

ፀደይ
la primavera

በጋ
el verano

መኸር
el otoño

ክረምት
el invierno

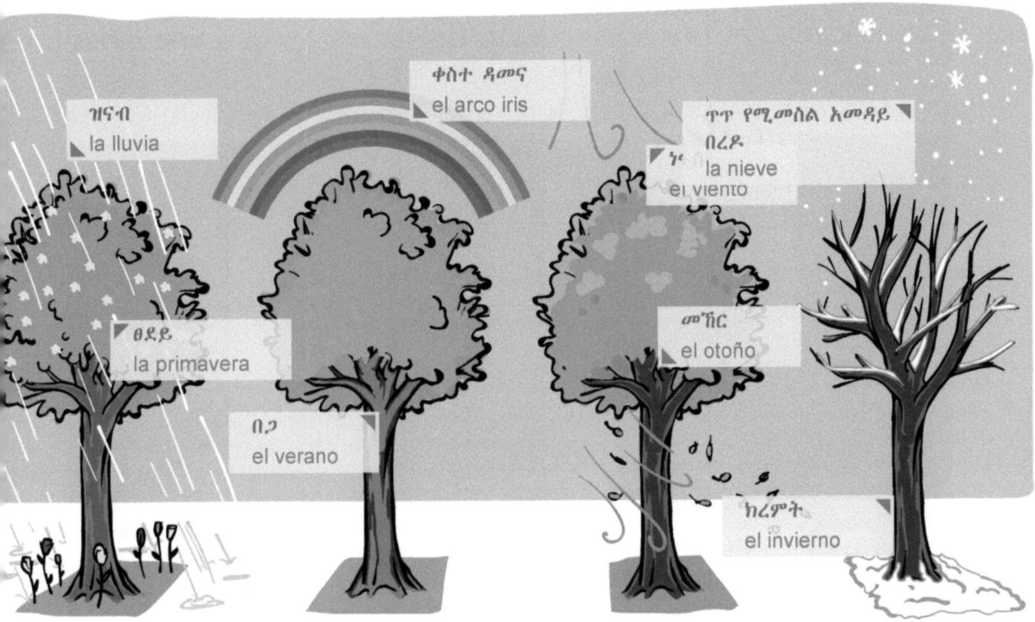

የአየር ሁኔታ ትንበያ

pronóstico meteorológico

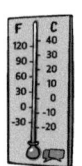

የሙቀት መለኪያ

el termómetro

የፀሀይ ሙቀት

la luz del sol

ደመና

la nube

ጭጋግ

la niebla

እርጥበታማነት

la humedad

መብረቅ

el rayo

ነጎድጓድ

el trueno

አዉሎ ንፋስ

la tormenta

የበረዶ ዝናብ

el granizo

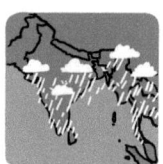

አዉሎ ንፋስ

el monzón

ጎርፍ

la inundación

በረዶ

el hielo

ጥር

enero

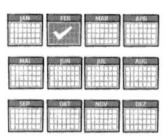

የካቲት

febrero

መጋቢት

marzo

ሚያዚያ

abril

ግንቦት

mayo

ሰኔ

junio

ሐምሌ

julio

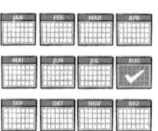

ነሀሴ

agosto

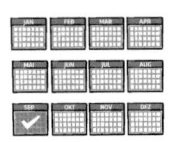

መስከረም
....
septiembre

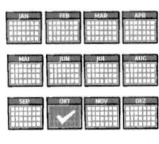

ጥቅምት
....
octubre

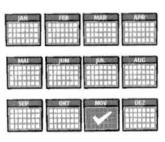

ህዳር
....
noviembre

ታህሳስ
....
diciembre

ብ
....
el círculo

አራት ማዕዘን
....
el cuadrado

**አራት ቀጥተኛ ማዕዘኖች ኖኖች
ያሉት ቅርፅ**
....
el rectángulo

ሶስት ማዕዘን
....
el triángulo

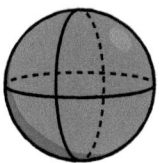

ኡል
....
la esfera

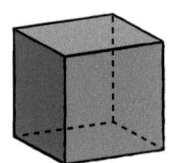

ስድስት ገን ያለዉ ቅርፅ
....
el cubo

ነጭ

blanco

ቢጫ

amarillo

ብርቱካናማ

naranja

ሮዝ

rosa

ቀይ

rojo

ወይን ጠጅ

violeta

ሰማያዊ

azul

አረንጓዴ

verde

ቡኒ

marrón

ግራጫ

gris

ጥቁር

negro

ብዙ/ ጥቂት
....
mucho / poco

ንዴት/ እርጋታ
....
enojado / tranquilo

ቆንጆ/ አስቀያሚ
....
lindo / feo

ጅማሬ/ ፍፃሜ
....
el principio / el fin

ትልቅ/ ትንሽ
....
grande / chico

ደማቅ/ ደብዛዛ
....
claro / oscuro

ወንድም/ እህት
....
el hermano / la hermana

ንፁህ/ ቆሻሻ
....
limpio / sucio

የተሟሟ/ ያልተሟሟ
....
completo / incompleto

ቀን/ ምሽት
....
el día / la noche

የሞተ/ ህያዉ
....
muerto / vivo

ሰፊ/ ጠባብ
....
ancho / angosto

የሚበላ/ የማይበላ

comestible / no comestible

ክፉ/ ደግ

malo / amable

ደስተኛ/ ድብርተኛ

entusiasmado / aburrido

ወፍራም/ ቀጭን

gordo / flaco

መጀመርያ/ መጨረሻ

primero / último

ጓደኛ/ ጠላት

el amigo / el enemigo

ሙሉ/ ጎዶሎ

lleno / vacío

ጠንካራ/ ለስላሳ

duro / blando

ከባድ/ ቀላል

pesado / liviano

ረሃብ/ ጥማት

el hambre / la sed

ህመም/ ጤንነት

enfermo / sano

ህገወጥ/ ህጋዊ

ilegal / legal

ጎበዝ/ ደደብ

inteligente / estúpido

ግራ/ ቀኝ

izquierda / derecha

ቅርብ/ ሩቅ

cerca / lejos

ተቃራኒዎች - los opuestos

አዲስ/ አሮጌ

nuevo / usado

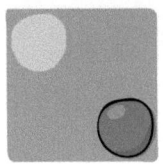

ምንም/ የሆነ ነገር

nada / algo

ሽማግሌ/ ወጣት

viejo / joven

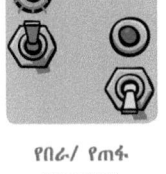

የበራ/ የጠፋ

encendido / apagado

ክፍት/ ዝግ

abierto / cerrado

ፀጥታ/ ጫጫታ

silencioso / ruidoso

ሃብታም/ ደሃ

rico / pobre

ትክክለኛ/ የተሳሳተ

correcto / incorrecto

ሻካራ/ ለስላሳ

áspero / suave

ሐዘን/ ደስታ

triste / contento

አጭር/ ረዥም

corto / largo

ዝግተኛ/ ፈጣን

lento / rápido

እርጥብ/ ደረቅ

mojado / seco

ሞቃት/ ቀዝቃዛ

caliente / frío

ጦርነት/ ሰላም

guerra / paz

0

ዜሮ

cero

1

አንድ

uno

2

ሁለት

dos

3

ሶስት

tres

4

አራት

cuatro

5

አምስት

cinco

6

ስድስት

seis

7

ሰባት

siete

8

ስምንት

ocho

9

ዘጠኝ

nueve

10

አስር

diez

11

አስራ አንድ

once

12

አስራ ሁለት
doce

13

አስራ ሶስት
trece

14

አስራ አራት
catorce

15

አስራ አምስት
quince

16

አስራ ስድስት
dieciséis

17

አስራ ሰባት
diecisiete

18

አስራ ስስምንት
dieciocho

19

አስራ ዘጠኝ
diecinueve

20

ሃያ
veinte

100

መቶ
cien

1.000

ሺህ
mil

1.000.000

ሚሊዮን
el millón

እንግሊዝኛ

el inglés

የአሜሪካ እንግሊዝኛ

el inglés americano

የቻይና ማንዳሪን

el chino mandarín

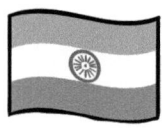

ሂንዱ

el hindi

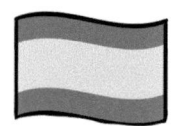

ስፓኒሽ

el español

ፍሬንች

el francés

አረብኛ

el árabe

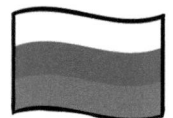

ራሺያኛ

el ruso

ፖርቹጊዝ

el portugués

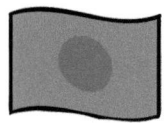

ቤንጋሊ

el bengalí

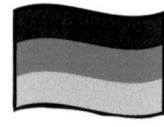

ጀርመን

el alemán

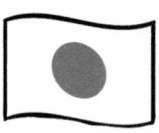

ጃፓንኛ

el japonés

እኔ

yo

አንተ

vos

እሱ/ እርሷ/ እቃዉ

él / ella

እኛ

nosotros

አንተ

ustedes

እነርሱ

ellos

ማን?

¿quién?

ምን?

¿qué?

እንዴት?

¿cómo?

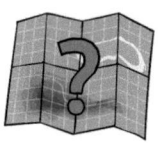

የት?

¿dónde?

መቼ?

¿cuándo?

ስም

el nombre

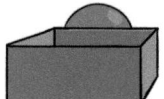

በስተጀርባ

detrás

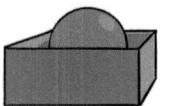

ዉስጥ

en

ከፊት ለፊት

adelante de

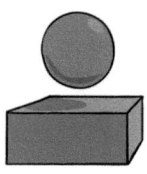

ከላይ

por encima de

ላይ

sobre

ከስር

debajo de

አጠገብ

al lado de

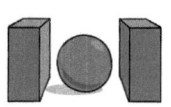

መሃከል

entre

ቦታ

el lugar